ALCIDE,

TRAGEDIE.

EN MUSIQUE,

REPRESENTE'E
PAR L'ACADEMIE ROYALLE
DE MUSIQUE.

On la vend,
A PARIS,
A l'entrée de la Porte de l'Academie Royalle de Musique,
Au Palais Royal, ruë Saint Honoré.
Imprimée au dépens de ladite Academie.
Par CHRISTOPHE BALLARD, seul Imprimeur du Roy
pour la Musique.
M. DC. XCIII.
AVEC PRIVILEGE DV ROY.

ACTEURS
DU PROLOGUE.

Troupe de Guerriers & de divers Peuples.

LA VICTOIRE.

Troupe de Peuples heureux.

Troupe de Bergers & de Bergeres.

Troupe de Pastres.

PROLOGUE.

Le Theatre reprefente le Temple de la Victoire.

CHOEUR DE GUERRIERS,
& de divers Peuples.

Vous, qui difpenfez la Gloire!
Deeffe des Heros, éclatante Victoire,
Accordez-nous voftre fecours.
Helas! nous fuirez-vous toûjours?

UN GUERRIER.

En vain la fureur qui nous guide
Nous arme tous contre un Roy fortuné.
Malgré tous nos efforts ce Monarque intrepide
De vos Lauriers eft toûjours couronné.

PROLOGUE.

LE CHŒUR.

Accordez-nous voſtre ſecours.
Helas ! nous fuirez-vous toûjours ?

UN GUERRIER.

La Deeſſe deſcend, implorons ſa puiſſance,
Et par nos chants celebrons ſa preſence.

LE CHŒUR.

Accordez-nous voſtre ſecours.
Helas ! nous fuirez-vous toûjours ?

LA VICTOIRE.

Peuples, n'eſperez pas que voſtre deſtin change,
Il ne m'eſt pas permis de m'attacher à vous.
L'invincible Heros dont vous eſtes jaloux
Malgré moy, quand il veut, à ſa ſuite me range,
En vain à ſes projets je voudrois m'oppoſer,
Sa prudence me force à les favoriſer.

UN GUERRIER.

N'emporterons-nous rien qu'une rage inutile ?

LA VICTOIRE.

Allez, quittez ce Temple, où vos vœux em-
preſſez
      Ne ſeront jamais exaucez.

PROLOGUE.

LE CHOEUR.

O Dieux ! où pourrons-nous trouver un seur azile ?

LA VICTOIRE seule.

Habitans des climats heureux
Qui du plus grand des Roys forment le riche Empire,
Venez vous occuper des plaisirs & des jeux,
Qu'un parfait bonheur vous inspire.

La Victoire s'en va.

Troupe de Peuples heureux de Bergers,
de Bergeres & de Pastres.

UN HABITANT DES CLIMATS HEUREUX.

De tous nos ennemis la fureur & les armes
Ne nous font point sentir d'alarmes ;
Nous ne craignons point leurs projets.
Nous pourrions ignorer qu'ils ont rompu la Paix,
Si pour celebrer nos conquestes
Nous n'estions obligez de preparer des festes.

UNE BERGERE.

L'Amour fuit l'horreur de la Guerre
Qui luy ravit ses charmes les plus doux.
Mars l'a chassé du reste de la terre,
Il s'est retiré parmy nous.

PROLOGUE.

LE CHOEUR.

L'Amour fuit l'horreur de la Guerre
Qui luy ravit ses charmes les plus doux.
Mars l'a chassé du reste de la Terre,
Il s'est retiré parmy-nous.

UNE BERGERE.

Dans nos retraites paisibles
Il établit son Empire & sa Cour.
Il y blesse chaque jour
Les cœurs les plus insensibles,
Et sa presence rend ces lieux
Mille fois plus charmans que le sejour des Dieux.

UN PASTRE.

Nous joüissons au milieu de la Guerre
Des biens d'une profonde Paix.
Ceres pour nous prodigue ses bien-faits.
Les plus riches moissons brillent sur nostre terre.
Nous joüissons au milieu de la Guerre
Des biens d'une profonde Paix.

UN HABITANT DES CLIMATS HEUREUX.

Pour plaire à ce Vainqueur que la Gloire couronne,
Passons à de plus nobles jeux:
Celebrons le repos que sa valeur nous donne
Par quelque Spectacle pompeux.

PROLOGUE.

LE CHOEUR.

Pour plaire à ce Vainqueur que la Gloire couronne,
Paſſons à de plus nobles jeux :
Celebrons le repos que ſa valeur nous donne
Par quelque Spectacle pompeux.

FIN DU PROLOGUE.

ACTEURS

DE LA TRAGEDIE.

ALCIDE, *Fils de Jupiter & d'Alcmene.*

DEJANIRE, *Reyne de Calidon, épouse d'Alcide.*

IOLE, *Fille d'Euritus Roy d'Æcalie.*

PHILOCTETE, *Prince amy d'Alcide.*

ÆGLE', *Princesse du sang des Roys d'Æcalie.*

LICAS, *suivant d'Alcide.*

Troupe de suivans d'Alcide.

Troupe des Peuples d'Æcalie.

L'AMOUR.

Troupe de Zephirs & de Nimphes.

Troupe de Prestres.

THESTYLIS, *Fameuse Enchanteresse de la Thessalie.*

Troupe d'Enchanteresses de la Thessalie.

ALCIDE.

ALCIDE,

TRAGEDIE.

ACTE PREMIER.

Le Theatre represente le Palais
des Roys d'Æcalie.

SCENE PREMIERE.

IOLE seule.

QUEL doit estre ton sort, Iole infortunée ?
A quels pleurs és-tu condamnée,
Esclave d'un Guerrier craint de tout l'U-
nivers?
Alcide de mes jours est l'arbitre suprême,
Et l'éclat de mon Diadême
Est effacé par la honte des fers.

A

J'ay vû perir nos Chefs & ma Famille entiere,
   J'ay tout perdu quand j'ay perdu mon pere,
   Je voy souffrir mes fidelles sujets ;
Cependant au milieu de ces tristes objets,
   Par une plus prompte deffaite,
Je suis soûmise aux loix d'un plus puissant vainqueur,
   Et l'amour a surpris mon cœur
   Avec les traits de Philoctete.

   Je dois le salut de mes jours
   A l'ardeur dont ce Dieu m'anime,
   Sans ce favorable secours
De mes douleurs j'eusse esté la victime.

SCENE SECONDE.

IOLE, ÆGLE.

ÆGLE.

POur me cacher vos maux fuyez-vous ma pre-
   sence ?
M'enviez-vous le bien de me plaindre avec vous ?

IOLE.

L'amitié que le sang a fait naître entre nous,
   En doit bannir un soupçon qui l'offence.

Chere Æglé jusques à ce jour
Mon cœur pour vous fut toûjours sans mistere,
Vous sçavez mes malheurs, vous sçavez mon amour
Quel secret aurois-je à vous faire?

ÆGLE'.

Le perte d'Euritus dont vous tenez le jour
Sous un joug étranger fait gemir l'Æcalie.

IOLE.

Ne verray-je jamais sa grandeur restablie?
Ne verray-je jamais couronner mon amour?
Le Ciel permettra-t'il que le Prince que j'ayme
Maistre enfin de son sort .... Mais le voicy luy-
  mesme.

SCENE TROISIE'ME.

IOLE, PHILOCTETE, ÆGLE'.

PHILOCTETE.

PRincesse, les destins se declarent pour nous.
  Dejanire en ces lieux vient trouver son époux.
  Le sang qui pour moy l'interesse
  L'obligera de servir ma tendresse.
Alcide par ses soins propice à mes soupirs,
Par un heureux Hymen comblera mes desirs,
Ce Heros vous rendra la Paix & vostre Empire.

ALCIDE,

IOLE.

C'eſt à ce bien ſeul que j'aſpire,
Moins pour tenir encor mes Peuples ſous ma loy
Que pour vous voir ſur le trône avec moy.

PHILOCTETE.

Quel ſoin, quel important ſervice
Peut m'acquitter jamais de ce que je vous doy?

IOLE.

Je ne veux pour tout ſacrifice
Qu'un tendre amour, qu'une conſtante foy.

PHILOCTETE.

Ah! croyez-en le ſerment que j'en fais
Mon ardeur eſt pure & fidelle
Et ne mourra jamais.

IOLE.

Non, rien ne peut éteindre deſormais
Une flame ſi belle
Elle eſt pure & fidelle,
Et ne mourra jamais.

IOLE & PHILOCTETE.

Non, rien ne peut éteindre deſormais
Une flame ſi belle
Elle eſt pure & fidelle,
Et ne mourra jamais.

SCENE QUATRIE'ME.

IOLE, ALCIDE, PHILOCTETE, ÆGLE', LICAS.

ALCIDE.

Prince, allez ordonner les aprefts d'une fefte
Qu'à l'honneur de Junon je pretens celebrer.
Ne perdez point de temps, allez tout preparer,
Tandis qu'un autre foin dans ce Palais m'arrefte.

SCENE CINQUIE'ME.

IOLE, ALCIDE, ÆGLE', LICAS.

ALCIDE.

Princesse, ma vengeance a fait couler vos pleurs,
Voftre pere eft tombé fous l'effort de mes armes,
Je viens avec éclat reparer vos malheurs,
Et tarir pour jamais la fource de vos larmes.
Regnez fur vos Eftats, & regnez fur mon cœur,
L'amour fous voftre Empire a mis voftre vainqueur.

IOLE.

Ciel!

ALCIDE.

Vainement j'ay voulu me contraindre,
Ma douleur me force à me plaindre.

IOLE.

Que je sens de trouble & d'effroy !
Helas, Seigneur, qu'attendez-vous de moy ?
Songez-vous qui je suis ? songez-vous qui vous estes ?
Avez-vous oublié les pertes que j'ay faites ?

ALCIDE.

Je m'en souviens sans cesse, & par ce souvenir
Je m'irrite contre moy-mesme.
De mes exploits je voudrois me punir,
Et je hais ma valeur suprême ;
Mais bannissons ces funestes objets.
Que les nœuds de l'hymen forment ceux de la Paix,
Que vostre main soit le prix de ma flame.

IOLE.

Ah ! que pretendez-vous ? pensez-vous que mon ame
Se détermine à vostre gré ?

ALCIDE.

Alcide en vain n'a jamais soupiré,
Mes soins triompheront de vostre indifference.
Cependant je veux qu'en ces lieux
Un parfait bonheur recommence.
En ma faveur le souverain des Dieux
Sur vos sujets versera l'abondance.
Leur repos desormais me devient precieux,
Contre tout l'Univers j'entreprens leur deffence.
Trop heureux de plaire à vos yeux
En vous sacrifiant mes jours & ma puissance.

Vous Peuples que le droit des armes
A livrez aux horreurs de la captivité,
Venez, quittez vos fers, & joüissez des charmes
D'une nouvelle liberté.

SCENE SIXIE'ME.

IOLE, ÆGLE', Troupe de Peuples
d'Æcalie.

Chœur de Peuples d'Æcalie.

Q Uittons nos fers & joüissons des charmes
D'une nouvelle liberté.

Un Habitant d'Æcalie.

Le fils du Dieu qui lance le tonnerre
Cesse aujourd'huy de nous faire la guerre,
Revenez doux plaisirs qu'il avoit écartez,
Iole vous redonne à cette heureuse terre,
En chargeant son vainqueur des fers qu'elle a
portez.

Un autre.

Que leurs flames soient mutuelles,
Tout conspire à lier leurs cœurs,
Alcide est le Roy des vaiqueurs,
Iole est la Reyne des belles.

Le Chœur.

Que leurs flames soient mutuelles,
Tout conspire à lier leurs cœurs,
Alcide est le Roy des vainqueurs,
Iole est la Reyne des belles.

Chantons , chantons tous,
Amour nostre bonheur est l'effet de tes coups.

IOLE.

Joüissez des faveurs que vous fait la Fortune ;
Mais cachez à mes yeux vostre joye importune,
Ses transports éclatants ne sçauroient me flatter,
Lorsque je pense au prix qu'elle me doit coûter.

SCENE SEPTIE'ME.

IOLE, ÆGLE'.

IOLE.

QUe mes maux ont de violence !
Je pers pour jamais l'esperance
Qui n'entrera qu'un moment dans un cœur enflamé,
Foible cœur ! ce moment d'un espoir plein de charmes
Sera payé par d'éternelles larmes !
Que tu serois heureux de n'avoir point aymé !

ÆGLE'.

TRAGEDIE.

ÆGLE'.

Le Ciel devenu pitoyable
Peut encor changer voftre fort.

IOLE.

Non je ne puis douter qu'il ne veüille ma mort
Aprés tous les malheurs dont fa haine m'accable.

  Mon deftin s'explique aujourd'huy,
  Je n'en vois l'horreur qu'avec crainte,
Mais cherchons Philoctete, & goûtons fans con-
 trainte
La fenfible douceur de pleurer avec luy.

Fin du premier Acte.

ACTE SECOND.

Le Theatre reprefente les fuperbes
Jardins d'Euritus.

SCENE PREMIERE.

ALCIDE, PHILOCTETE.

ALCIDE.

Uoy Dejanire eft en ces lieux?

PHILOCTETE.

Elle va paroiftre à vos yeux ;
Son amoureufe impatience
N'a pû dans Calidon la fouffrir plus long-temps :
Elle vient pleine d'efperance
Payer vos exploits éclatans,
Des plaifirs les plus doux qu'aprés une victoire
Dans le cœur d'un Heros l'amour mêle à la gloire.

ALCIDE.

Que ce soin me confond & m'afflige en secret !
Je ne puis la voir qu'à regret,
Que luy diray-je, ô Ciel ! Elle vient, je frissonne.

SCENE SECONDE.

ALCIDE, DEJANIRE, PHILOCTETE.

DEJANIRE.

ENfin, *Seigneur, je vous revoy.*
Par mon empressement je vous prouve ma foy.
Aux plus charmans transports mon ame s'aban-
donne,
Je me flate… Mais Dieux ! vous me glacez d'effroy,
Vos regards menaçans marquent vostre colere.
Qu'aurois-je fait, helas ! qui puisse vous deplaire ?

ALCIDE.

Vous avez quitté vos Estats
Qui demandent vostre presence,
Vous venez malgré ma deffence.

DEJANIRE.

C'est l'Amour qui conduit mes pas.

J'ay crû me pouvoir tout permettre,
J'ay negligé pour luy vos ordres absolus.

ALCIDE,

Depuis quand n'excuse-t'il plus
Tous les crimes qu'il fait commettre ?

Pardonnez à l'ardeur qui m'entraîne avec vous
Un départ qui vous offence,
Ne me faites plus voir ce terrible courroux....

ALCIDE.

Etouffez-le par vostre obeïssance,
Courez à Calidon, ne me resistez pas,
Allez-y maintenir mes loix & ma puissance.
Par vos soins, par vostre presence
Des peuples mutinez reprimez l'insolence,
Et prevenez leurs attentats.
Partez, pressez ce retour necessaire,
C'est le seul moyen de me plaire.

SCENE TROISIE'ME.

DEJANIRE, PHILOCTETE.

DEJANIRE.

Qu'ay-je oüy, malheureuse ? il me chasse, il me
fuit,
C'est-là de tant d'amour le déplorable fruit.
Alcide m'abandonne, ah fortune cruelle !
Mes transports seront vains, mes desirs superflus ?

Parlez, Prince, parlez, ne vous contraignez plus,
Sa captive à mes yeux le rend-elle infidelle ?
  Je l'ay sceu par un bruit confus.
Mais j'éloignois de moy cette triste nouvelle,
Et sans douter d'un cœur que j'ay trop merité,
J'égalois sa constance à ma fidelité.
Apprenez-moy mon sort, devez-vous me le taire ?

PHILOCTETE.

  Cet amour n'est plus un mistere.
  Il m'est aussi fatal qu'à vous.
Helas ! Reyne, il détruit mon espoir le plus doux.
Iole me charmoit & j'avois sceu luy plaire,
  J'allois devenir son époux.

DEJANIRE.

Ah que vous me portez de redoutables coups !
  C'en est donc fait, ma honte est declarée,
  Mes soins trahis, ma Rivale adorée.

Non, je ne puis souffrir ce cruel changement,
Une soudaine horreur de mon ame s'empare,
  Et je deviens en un moment
  Impitoyable & barbare.
Tremble perfide époux, & crains mon desespoir,
Dejanire en fureur ne connoist plus Alcide,
Tremble, j'acheveray l'attentat le plus noir,
Je sens que desormais c'est Junon qui me guide.

Du jour de ta naiſſance elle a juré ta mort,
Les Monſtres, les Tyrans ſuſcitez par ſa haine,
N'ont fait contre tes jours qu'un inutile effort.
    Tu les as ſurmontez ſans peine,
Mais je ſers ſon courroux, ſa vengeance eſt certaine.

PHILOCTETE.

Quel projet oſez-vous former ?

DEJANIRE.

    Que dis-je en effet, miſerable ?
Tout ingrat qu'eſt Alcide, il eſt encore aymable,
    Malgré les maux dont il m'accable
    Je ne puis ceſſer de l'aymer.
Faut-il que cette ardeur luy devienne fatale ?
    Epargnons ſes jours precieux ;
Mais à mes feux trahis immolons ma Rivale,
Et lavons dans ſon ſang le crime de ſes yeux.

PHILOCTETE.

    Quel eſt ce crime ? juſtes Dieux !
    N'eſt-elle pas aſſez infortunée
De perdre pour jamais ce qu'elle ayme le mieux,
Sans qu'à perir encor elle ſoit condamnée ?

DEJANIRE.

Elle m'oſte le cœur du plus grand des mortels.
Tout celebre à mes yeux ſa beauté triomphante ;
    Elle me livre à des pleurs éternels,
    Puis-je la trouver innocente ?

PHILOCTETE.

Ah! par les nœuds qui m'attachent à vous
Prenez des sentimens plus doux.

DEJANIRE.

Dans le desespoir qui m'anime,
Puis-je avoir quelque égard aux plus sacrez liens?
Vengeons-nous seulement, cherchons-en les moyens
Et choisissons le temps & la victime.

Dans ces vastes Deserts, dans ces Bois tenebreux
Qui terminent la Thessalie,
Dans un antre profond Thestylis establie,
Exerce de son art les mysteres affreux.
Elle excite les Vents, fait gronder le Tonnerre,
Les Astres à son gré descendent sur la terre.
Ses charmes peuvent tout, il y faut recourir.
Je vais la consulter dans son antre terrible,
Et par l'effort de son art infaillible
Reparer mes malheurs, le vanger, ou mourir.

SCENE QUATRIE'ME.

PHILOCTETE seul.

Quel Demon la conduit? que va-t'elle entre-
prendre
Contre l'objet de mon amour?
Chercheroit-elle à luy ravir le jour?
Dieux! est-ce le secours que j'en devois attendre?

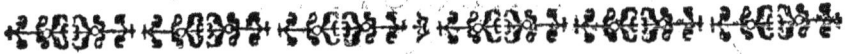

SCENE CINQUIE'ME.

PHILOCTETE, IOLE, ÆGLE'.

PHILOCTETE.

Rinceſſe que je crains la jalouſe fureur
Dont j'ay veu contre vous Dejanire agitée !

IOLE.

Que d'un ſoin plus cruel je ſuis inquietée,
Et que je ſens pour vous une juſte terreur !

PHILOCTETE.

La Reyne à ſa vengeance oſera tout permettre
Pour vous ravir le cœur de ſon époux.

IOLE.

D'Alcide mépriſé que peut-on ſe promettre
S'il apprend que le mien ne brûle que pour vous ?

PHILOCTETE.

Helas ! vous perirez, vous ſerez la victime
D'un impitoyable tranſport.

IOLE.

Helas ! vous perirez, c'eſt moy qui vous opprime,
Mon amour ſeul cauſera voſtre mort.

PHILOCTETE.

Ah ! de tous les malheurs c'eſt le malheur ſuprême
De trembler pour ce qu'on ayme.

PHILOCTETE'

PHILOCTETE, IOLE, & AEGLE'.

Ah ! de tous les malheurs c'est le malheur suprême
De trembler pour ce qu'on ayme.

PHILOCTETE & IOLE.

Tombent sur moy du sort les plus funestes coups !
Je ne crains que pour vous.

PHILOCTETE.

Si je vous perds, que m'importe la vie ?
Aux traits de mon Rival mon cœur ira s'offrir.
Je rendray grace à sa barbare envie,
Mon bonheur sera de mourir.

IOLE.

Si vous mourez, pourray-je vous survivre ?
Mon bonheur sera de vous suivre.

PHILOCTETE.

Amour que tes loix sont cruelles !
N'és-tu point touché de nos pleurs ?
Tu nous connois fidelles,
Et tu causes tous nos malheurs.

IOLE.

Il faut renoncer à te suivre,
C'est une erreur de t'adorer ;
Plus un sensible cœur à ton pouvoir se livre,
Plus tu te plais à le desesperer.

C

ALCIDE,

Mais quelle nouvelle lumiere
Se répand dans ces lieux, & brille dans les airs?

PHILOCTETE.

Que j'entens de charmants concerts!

IOLE.

Malgré mon defefpoir ils ont l'art de me plaire.

PHILOCTETE.

L'Amour defcend des Cieux dans le char de fa mere.

SCENE SIXIE'ME.

PHILOCTETE , IOLE , ÆGLE'.
L'AMOUR dans le char de Venus.

L'AMOUR.

N E *vous plaignez plus de l'Amour,*
  Il veut pour vous fignaler fa puiffance ;
Il peut vous rendre heureux peut-eftre dés ce jour,
Vous devez fur fa foy reprendre l'efperance.
Vous, qui dans vos ardeurs goûtez mille plaifirs,
Aymable Cour de Flore, agréables Zephirs,
Et vous Nymphes des fleurs qui la fuivez fans ceffe,
Venez de ces Amans ranimer la tendreffe
  Par vos chants & par vos foupirs,
   Calmez leur trifteffe,
   Flattez leurs defirs.

SCENE SEPTIE'ME.

PHILOCTETE , IOLE, ÆGLE',
Troupe de Zephirs & de Nymphes.

LE CHOEUR.

L *'Amour s'intereffe pour vous,*
 Efperez, voftre fort ne peut eftre que doux.

UN ZEPHIR.

Qu'on connoiſt peu l'Amour quand on le croit ter-
rible !
  Il n'a rien qui doive allarmer,
  Ses peines ont dequoy charmer
  Une ame fidelle & ſenſible.

PHILOCTETE & IOLE.

  L'Amour s'intereſſe pour nous,
Eſperons, noſtre ſort ne peut eſtre plus doux.

Le Chœur.

  L'Amour s'intereſſe pour vous,
Eſperez, voſtre ſort ne peut eſtre plus doux.

Fin du ſecond Acte.

ACTE III.

Le Theatre represente l'Antre de Theſtylis.

SCENE PREMIERE.

THESTYLIS ſeule.

Mon Art de tous les Arts eſt le plus pre-
    cieux,
Il produit les plus grands miracles,
Par luy ma volonté ne trouve plus d'ob-
    ſtacles,
    Et ſon pouvoir m'égale aux Dieux :
Préparons aujourd'huy mes plus terribles armes,
    Et redoublons la force de mes charmes ;
Commençons, invoquons les ſombres Deïtez.

Mais par quelle audace indiscrette
Un profane ose-t'il à pas precipitez
Penetrer dans cet Antre & troubler ma retraite?

SCENE SECONDE.

DEJANIRE, THESTYLIS.

THESTYLIS.

NE craignez-vous point mon couroux?
O Ciel! c'est l'épouse d'Alcide!

DEJANIRE.

Mon malheur me rend intrepide.
Puissante Thestylis je n'espere qu'en vous.

THESTYLIS.

Reyne, que puis-je pour vous plaire?
Faut-il par de nouveaux efforts
Des Astres les plus purs étouffer la lumiere?
Faut-il des Elements rompre tous les accords?
Faut-il de l'Univers changer la forme entiere?
Commandez, ne balancez pas,
J'obeïray sans resistance.

DEJANIRE.

Je ne demande point, helas!
Ces effets de vostre puissance;

Je ne veux employer vos charmes les plus forts
Qu'à regagner le cœur d'un époux qui m'offence,
Qu'à luy faire sentir la honte & les remords,
 Qui sont dûs à son inconstance.

THESTYLIS.

 Vainement je voudrois tenter
De vous rendre le cœur d'un Epoux infidelle ;
 Si vos yeux n'ont pû l'arrêter,
  Cessez de vous flatter,
 Qu'un charme étranger le rappelle.

DEJANIRE.

Si vous ne pouvez rien, quel sort dois-je esperer ?
 Ciel ! que je t'éprouve barbare !
Ah ! du moins par vostre Art il faut me délivrer
 De l'hymen qu'Alcide prepare :
 Rompez-en les injustes nœuds,
 Renversez leur pompe cruelle,
Accablez ces Amants de prodiges affreux,
Faites perir Iole, ou la rendez moins belle :
 Si ma Rivale perd ses charmes
 Mon destin peut changer un jour,
 Mon Epoux sensible à mes larmes
 Me redonnera son amour.

THESTYLIS.

 Je vais pour calmer vostre peine
Employer de mon Art les plus puissans secrets.

Laissez-moy seule, allez, évitez des objets
Qui glaceroient vos sens d'une terreur soudaine.

DEJANIRE.

Tous ces ménagemens sont vains
Dans l'état où je suis reduite,
L'Hymen d'un ingrat qui me quitte
Est le seul objet que je crains.

THESTYLIS.

Croyez-vous qu'il vous soit facile
De voir sans vous troubler tous mes enchantemens?

DEJANIRE.

S'ils peuvent finir mes tourmens,
Je les verray d'un œil tranquile.

THESTYLIS.

Puisque vous le voulez je vais vous obeïr.

Soûtiens de mon Art redoutable,
Esprits de qui la foy ne sçauroit me trahir,
Prestez-moy de vos soins le secours favorable;
Que le jour qui frape nos yeux
N'ait plus qu'une lumiere sombre!
Mon Art mysterieux
Demande le silence & l'ombre.

Venez, sortez de vos retraites,
Vous, que la Thessalie admire autant que moy,
De mes secrets profonds sçavantes interpretes,

Venez

Venez, en me seruant signaler vostre foy,
Je vous en impose la loy.

SCENE TROISIE'ME.

DEJANIRE, THESTYLIS, Troupe
des Enchanteresses de la Thessalie.

THESTYLIS.

SOulageons l'épouse d'Alcide.

LE COEUR.

Nous ignorons ses malheurs.

DEJANIRE.

J'ayme un perfide
Jugez quelles sont mes douleurs.

LE CHOEUR.

Nous concevons vostre peine cruelle.

DEJANIRE.

Calmez-la par vostre secours.

LE CHOEUR.

C'essez d'ayme un infidelle.

DEJANIRE.

Malgré son changement je l'aymeray toûjours.

D

LE CHOEUR.

Il eſt honteux d'avoir de la conſtance
Pour ceux qui nous oſent trahir.

DEJANIRE.

L'empire de mon cœur eſt-il en ma puiſſance ?
L'amour y regne ſeul, & s'y fait obeir.

LE CHOEUR.

Avec de grands efforts vous pouvez vous promettre
De le combatre & de le ſurmonter.

DEJANIRE.

Ma peine eſt moindre à m'y ſoûmettre,
Qu'elle ne le ſeroit à le vouloir dompter.

Soulagez mes tourmens, mais laiſſez-moy ma flame,
Elle ſeule peut m'animer ;
Je cheris ſes ardeurs, & je ſens que mon ame
Ayme encor mieux ſouffrir que de ceſſer d'aymer.

THESTYLIS.

Par des chants, par des ſacrifices
Rendons-nous les Enfers propices.

LE CHOEUR.

Par des chants, par des ſacrifices
Rendons-nous les Enfers propices.

THESTYLIS.

Divinitez des sombres bords
Secondez nos efforts.

LE CHOEUR.

Divinitez des sombres bords
Secondez nos efforts.

THESTYLIS.

Nous implorons vostre assistance
Par ce feu qui nous luit sur cet Autel sacré,
Par vostre immortelle puissance,
Par vostre nom terrible, & toujours reveré.

Divinitez des sombres bords
Secondez nos efforts.

LE CHOEUR.

Divinitez des sombres bords
Secondez nos efforts.

THESTYLIS.

Reyne, écoute un secret que l'Enfer me declare.
Tu rompras l'Hymen que tu crains,
Et bien qu' Alcide le prepare,
Tous les aprests en seront vains.
Ne te souvient-il plus du voile inestimable
Que Nessus expirant remit entre tes mains?
Du sang dont il est teint la vertu redoutable
Peut renverser les projets des humains.

D ij

Fais seulement par ton adresse
Que ton époux le porte & s'en pare un moment,
Et tu verras qu'un grand évenement
Luy ravira sa nouvelle maistresse.
Va, rien ne doit plus t'arrester.

DEJANIRE.

Vous m'avez rendu l'esperance.
Je pars. Déja mes maux ont moins de violence.
Qu'il est doux en aymant de se pouvoir flatter !

Fin du troisiéme Acte.

ACTE IV.

Le Theatre represente un Bois solitaire
& agreable, la Mer est dans
l'éloignement.

SCENE PREMIERE.

ALCIDE seul.

On amoureuse inquietude
Me fait chercher ces bois charmans,
Dont l'agreable solitude
Flate les peines des Amans.

Que ces reduits solitaires & sombres
Conviennent bien à l'état de mon cœur!
Que le silence, & l'épaisseur des ombres
Sont propres à nourrir ma secrette langueur!

Mais, helas ! quelle eſt ma foibleſſe ?
Lorſque de mes Exploits rien n'arreſte le cours,
De mille traits l'amour me bleſſe,
Et ſans luy reſiſter je luy cede toujours.
J'ayme un nouvel objet, je quitte Déjanire,
Je deviens injuſte & leger ;
Ne puis-je, Amour, me dégager,
Et fuïr les noms que l'inconſtance attire ?
Non, je ne veux point te braver ;
Pourquoy contraindre mon envie ?
Qui m'ordonne de me priver
Des plus doux plaiſirs de ma vie ?

Quel tranſport me ſaiſit, & qu'eſt-ce que je ſens ?
Ah ! que le bruit des flots qui frapent ce rivage ;
Que les oyſeaux de ce boccage
Ont de charmes puiſſans
Pour calmer les ennuis, pour enchanter les ſens !
Que de leurs voix la douceur me ſoulage !
Que j'ayme leurs divins accens !
Je vais les écouter ſous ce tendre feüillage.

SCENE SECONDE.

PHILOCTETE seul.

Ien-tost dans ce Bois écarté
Mes yeux verront la beauté que j'adore ;
 Nous y pourrons en liberté
 Parler des feux qu' Alcide ignore ;
Grace au secours dont l' Amour m'a flatté,
 Nous devons esperer encore.

Cher objet que j'attens ne paroistrez-vous pas ?
 Si vous m'aimez, hastez vos pas ?
 Je cede à mon impatience,
Je ne me connois plus dans le trouble où je suis,
 J'ay besoin de vostre presence
 Pour resister à mes ennuis.
Elle vient, je la voy.

SCENE TROISIE'ME.

PHILOCTETE, IOLE, ÆGLE'.

PHILOCTETE.

MOn aymable Princeſſe,
Que j'ay ſouffert loin de vos yeux !
Jugez quelle étoit ma triſteſſe,
Par le plaiſir que j'ay de vous voir en ces lieux.

IOLE.

J'ay ſenty comme vous les peines de l'abſence ;
Elles m'ont coûté des ſoupirs.
Je vous revoy ; l'Amour m'en recompenſe,
Et je ſens vos meſmes plaiſirs.

PHILOCTETE.

Que cet aveu me plaiſt !

IOLE.

Je m'explique ſans crainte ;
Un veritable amour ayme à ſe découvrir.

PHILOCTETE.

Le noſtre ne peut plus ſouffrir
Le myſtere, ny la contrainte.

Profitons

Profitons des heureux momens
Qu'un Rival injuste nous laisse,
Et renouvellons les sermens
D'une inviolable tendresse.

IOLE.

Que le Ciel m'abandonne au plus cruel tourment
Si toute mon envie,
N'est de finir ma vie,
En vous aymant.

PHILOCTETE. & IOLE.

Que le Ciel m'abandonne au plus cruel tourment
Si toute mon envie,
N'est de finir ma vie,
En vous aymant.

IOLE.

Redoublons s'il se peut nos ardeurs mutuelles.
Le pouvoir d'un Rival doit-il nous allarmer ?
Il ne peut nous ravir si nous sçavons aymer,
La gloire de mourir fidelles.

PHILOCTETE.

Qu'avec plaisir je sens croistre mes feux !
Et que je m'applaudis de vous avoir servie !
Quand il m'en cousteroit la vie,
Ne serois-je pas trop heureux ?

E

ALCIDE,

IOLE.

Si vous estes content d'une tendresse extréme,
La mienne doit combler nos vœux.
On n'a jamais aymé si tendrement que j'ayme.

PHILOCTETE & IOLE.

Redoublons s'il se peut nos ardeurs mutuelles.
Le pouvoir d'un Rival doit-il nous allarmer?
Il ne peut nous ravir si nous sçavons aymer,
La gloire de mourir fidelles.

SCENE QUATRIE'ME.

ALCIDE, IOLE, PHILOCTETE, ÆGLE'.

ALCIDE.

Que voy-je?

IOEL.

Vous estes perdu.

PHILOCTETE.

Quel malheur!

ALCIDE.

J'ay tout entendu.
Tu m'oses donc trahir sans craindre ma colere?

PHILOCTETE.

J'ayme, il eſt vray, je ſuis voſtre Rival,
　　Et je ne veux plus vous le taire,
Je ſçay que cet aveu me doit eſtre fatal,
Que vous allez punir mon amour temeraire.
　　Mais je ne crains point le trépas.

ALCIDE.

N'en doute point perfide, tu mourras.

IOLE.

Seigneur, que pretendez-vous faire ?

ALCIDE.

En vous donnant à moy deſarmez ma colere.
Qu'avant la fin du jour voſtre ſort & le mien
　　Soient unis par l'Hymenée.

PHILOCTETE & IOLE.

Quoy, vous voulez....

ALCIDE.

　　　　　　Je n'écoute plus rien.
　Maiſtre de voſtre deſtinée
　J'ordonne, allez, obeïſſez.

PHILOCTETE & IOLE.

Helas !

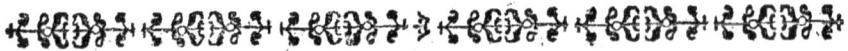

SCENE CINQUIE'ME.

ALCIDE seul.

Par cet Hymen pour eux plus rdoutable
Que tous les traits par ma fureur lancez,
Je punis leur flame coupable,
Et les soupirs qu'ils ont poussez.
Mais prés de me lier d'une chaîne nouvelle
Junon, m'est-il permis de m'adresser à vous ?
Mortel, suis-je l'objet d'une haine immortelle ?
Ne pourray-je à la fin flechir vostre corroux ?

Je sçay si vous m'estes contraire,
Que les nœuds de l'Hymen où je vais m'engager
Loin de m'offrir rien qui puisse me plaire
Dans un goufre d'ennuis vont encor me plonger.

J'ay depuis le berceau contenté vostre envie,
J'ay finy les travaux que vous m'avez prescrits.
Je ne demande pour tout prix
Que de passer en paix le reste de ma vie.

Vous Licas, & vous tous assemblez par mes soins
De mes exploits compagnons ou témoins,
A la Reyne des Cieux élevez un trophée
Des dépoüilles de mes combats.

SCENE SIXIE'ME.

ALCIDE, LICAS, Troupe de Suivans
d'Alcide.

ALCIDE.

PUisse par mes respects sa colere étouffée
M'accorder le repos dont je ne joüis pas.

SCENE SEPTIE'ME.

LICAS, Troupe de Suivans d'Alcide.

LICAS.

O Junon recevez l'hommage
Du plus grand des mortels,
Souffrez qu'il pare vos Autels
De ces marques de son courage.

LE CHOEUR.

O Junon recevez l'hommage
Du plus grand des mortels,
Souffrez qu'il pare vos Autels
De ces marques de son courage.

Un Suivant d'Alcide.

Alcide n'a que trop senty vostre vengeance,
A d'éternels malheurs faut-il le condamner?
     Plus vous avez de puissance,
     Plus vous devez pardonner.

Le Chœur.

     O Junon recevez l'hommage
        Du plus grand des mortels,
        Souffrez qu'il pare vos Autels
     De ces marques de son courage.

SCENE HUITIE'ME.

DEJANIRE, LICAS, Troupe de Suivans
d'Alcide.

DEJANIRE.

FUyez loin de ces lieux, fuyez troupe importune,
   A la Reyne des Cieux quels vœux adressez vous?
     Sa fureur passe mon courroux,
     Et nostre querelle est commune.
     Loin qu'à mon infidelle époux
     Vous la rendiez plus favorable;
Vous irritez encor sa haine inexorable.
Cessez de la prier, tremblez, & fuyez tous.

SCENE NEUFIE'ME.

DEJANIRE seule.

CE trophée élevé fait éclater la gloire,
  Du Heros que mes yeux n'ont pû me conserver.
Mais dans le mesme temps il offre à ma memoire,
Le sacrilege Hymen qu'il est prest d'achever.

Dieux protecteurs de la foy conjugale
  Laisserez-vous triompher ma Rivale?
Dieux justes, Dieux puissans, je vous invoque
  tous.
    Sur tout c'est en toy que j'espere
    Enfant redoutable à ta mere,
Et dont tout l'Univers craint la force & les conps.
On va porter ce voile à l'Ingrat que j'adore, *
Mais que pourroit sans toy tout le sang du Cen-
  taure,
      Et le pouvoir de Thestylis?

Quoy qu'elle ait pû me dire, Amour je tremble
  encore,
      Et c'est ton secours que j'implore,
Tu soûmets Jupiter, soûmets encor son fils.

* Elle tient
en ses mains
le voile de
Nessus.

Ne prens pas un trait ordinaire
Pour dompter ce superbe cœur.
Choisis celuy dont tu blesses son pere
Quand tu veux estre son vainqueur,

Fin du quatriéme Acte.

ACTE V.

Le Theatre represente le Mont Æta.

SCENE PREMIERE.

DEJANIRE seule.

C'EST sur ce Mont sacré que l'infidelle Alcide
 Veut couronner sa tendresse perfide,
 Et celebrer les nœuds d'un hymen criminel;
De tous costez le Peuple accourt à cette feste.
 Les Prestres ont dressé l'Autel,
Le bucher va brûler, & la victime est preste:
 Mon espoir seroit-il deceu?
Du voile de Nessus quel effet dois-je attendre?
Par les mains de Licas mon époux l'a receu.
Le porte-t'il en vain, & ne puis-je pretendre
Qu'il produira bien-tost le juste changement
Qui peut seul terminer ma honte & mon tourment.

F.

SCENE SECONDE.

DEJANIRE, Troupe de Prestres & de leurs
Ministres, Troupe de Peuple.

LE CHOEUR.

Hymen favorise nos vœux.
Qu' Alcide sous tes loix soit à jamais heureux.

DEJANIRE.

Dieux ! qu'est-ce que je viens d'entendre ?

UN PRESTRE.

Hymen favorise nos vœux.

DEJANIRE.

Mon infidelle en ces lieux va se rendre.

LE PRESTRE.

Qu' Alcide sous tes loix soit à jamais heureux.

DEJANIRE.

Son infidelité ne trouve plus d'obstacle.
Evitons ce cruel spectacle.

SCENE TROISIE'ME.

Troupe de Prestres, de leurs Ministres & du Peuple.

LE CHOEUR.

Hymen favorise nos vœux.
Qu' Alcide sous tes loix soit à jamais heureux.

LE PRESTRE.

Tu peux feul terminer les maux dont il foupire.
Que tes faveurs previennent fes defirs.
Qu'il ne trouve dans ton empire
Que de beaux jours & des plaifirs.

LE CHOEUR.

Hymen favorife nos vœux.
Qu'Alcide fous tes loix foit à jamais heureux.

SCENE QUATRIE'ME.

PHILOCTETE, DEJANIRE, Troupe de Pre-
ftres, de leurs Miniftres & du Peuple.

PHILOCTETE.

Finiffez, tous ces chants que l'allegreffe infpire
Déplorez avec moy le plus grand des malheurs.

DEJANIRE.

Prince que voulez-vous me dire?

LE CHOEUR.

Quel eft le fujet de vos pleurs?

PHILOCTETE.

Alcide va perir accablé de douleurs.

DEJANIRE.

Dieux!

PHILOCTETE.

Ce Heros gémit d'un feu qui le confume:
Son fang empoifonné dans fes veines s'alume.

Le voile de Neffus, deteftable ornement
Attaché fur fon corps a produit fon tourment.

DEJANIRE & LE CHOEUR.

Helas!

PHILOCTETE.

Pour moy, bien que fon injuftice
Me ravit ce que j'ayme & preparaft ma mort,
Je ne puis refufer des larmes à fon fort,
Et je fremis de fon fuplice.

Fuyez fa colere, & fes yeux.
Il me fuit, il vient en ces lieux.

Déja par un effort de fa main meurtriere
Licas a perdu la lumiere,
Et lancé contre des Rochers
Tout fon corps reduit en pouffiere
Au gré des vents a volé dans les airs.
Un pareil deftin vous menace...

DEJANIRE.

Je l'attendray comme une grace.
Aprés ce que j'ay fait je ne puis trop fouffrir,
Et je ne cherche qu'à mourir.

Quoy je fais les malheurs d'un Heros que j'adore,
De leur feul deffenfeur je prive les vertus,
Je ranime l'efpoir des Tirans abatus,
Miferable, & je vis encore.

Pour voir par mon fecours fes deffeins accomplis,
La barbare Junon a feduit Theftylis,

Et dicté la fauſſe promeſſe
 Qui ſembloit flatter ma tendreſſe.
Eſt-ce ainſi que les Dieux abuſent les mortels ?
 Impitoyable Deeſſe,
Que ne m'eſt-il permis de briſer tes Autels !
Je fais tous les malheurs d'un Heros que j'adore
 Miſerable, & je vis encore.

 Mourons, c'eſt le juſte party
Qu'en l'état où je ſuis j'ay reſolu de ſuivre.
Rompons de mon Hymen le nœud mal aſſorty,
Et puiſſe mon époux du tombeau garanty
Dans un parfait bonheur regner & me ſurvivre.

LE CHŒUR.

D'Alcide furieux évitez les approches.

PHILOCTETE.

Je l'entens.

DEJANIRE.

 Je ne crains que ſes mortels reproches.
Avant que de le voir livrons-nous au trépas.
Sans fer & ſans poiſon j'en trouveray la route,
 Mon deſeſpoir ne me trompera pas.

Monarque des Enfers que le crime redoute,
 Vous Miniſtres de ſes arreſts
Redoublez vos fureurs pour me rendre juſtice,
Et d'un commun accord choiſiſſez un ſupplice
 Dont la rigueur réponde à mes forfaits.

Ces Rochers à propos m'offrent un precipice
Qui me dérobe au jour, & comble mes souhaits.

SCENE CINQUIE'ME.

PHILOCTETE , Troupe de Prestres,
de leurs Ministres, & du Peuple.

PHILOCTETE.

ELle meurt.

LE CHOEUR.

Son trépas prouve son innocence.

PHILOCTETE.

Quel destin ; mais je vois Alcide qui s'avance.

SCENE SIXIE'ME.

ALCIDE , PHILOCTETE , IOLE , ÆGLE',
Troupe de Prestres, de leurs Ministres,
& du Peuple.

ALCIDE.

NE pourray-je trouver de remede à ma peine ?
Maistre des Dieux m'éconnois-tu ton fils ?
Qui peut te rendre insensible à mes cris ?
Songe à me secourir, ou ma constance est vaine.

Voile fatal, poison dont je suis devoré,
Brûlerez-vous sans cesse un cœur desesperé?
Laissez-moy respirer.... tout est sourd à mes plaintes.
Helas! tout me trahit en ces cruels momens:
      Et mes tourmens
Bien loin de s'affoiblir redoublent leurs atteintes.

    Je n'en puis plus, ma force m'abandonne.

Que vois-je, ô Ciel! quels sont ces monstres furieux?
        Osent-ils paroistre à mes yeux?
        Quoy donc leur presence m'étonne?
        Purgeons-en l'Univers, ah Dieux!
Mes maux de ma raison me ravissent l'empire.
Je ne me connois plus, je pleure, je soupire.
Concevez, s'il se peut, quelles sont mes douleurs
Qui troublent mes esprits, & m'arrachent des pleurs.

IOLE.
Helas! que son sort m'épouvante!

PHILOCTETE.
Junon, n'estes-vous point contente?

ALCIDE.
O mort! je t'implore en ce jour,
Ce n'est plus qu'après toy que mon ame soupire;
J'ay triomphé jadis de ton puissant empire,
        Et tu triomphes à ton tour.
Mais avant mon trépas punissons Déjanire,
Sa colere a plus fait que tous mes ennemis.

PHILOCTETE.

Elle s'est puniè elle-mesme
D'un crime que Nessus & le sort ont commis.

ALCIDE.

Nessus ? ô Ciel ! je touche à mon bonheur suprême,
Et voicy le grand jour que les Dieux m'ont promis.
    Je ne crains plus ma peine extrême,
Mon destin desormais à moy seul est remis.
Il est temps de quitter ma dépoüille mortelle,
Mes travaux sont passez, & l'Olimpe m'appelle.

    Tendres Amans que j'avois separez
      Qu'un Hymen charmant vous unisse,
      Pardonnez à mon injustice
      Les maux où je vous ay livrez.

Brisez le dernier nœud qui m'attache à la terre,
Feux sacrez, détruisez ce que j'ay de mortel.
Toy, pour marquer ce jour à jamais solemnel,

* Il se pre-   *Jupiter, sur ce Mont fais gronder ton tonnerre.**
cipite dans
le Bucher.

IOLE & PHILOCTETE.

    Le Ciel enfin comble nos vœux.
Alcide est immortel, & nous sommes heureux.

Fin du cinquiéme & dernier Acte.